NOTICE

SUR LA VIE DU BIENHEUREUX

JEAN, BERGER,

HONORÉ A MONCHY-LE-PREUX, LE 24 JUIN DE CHAQUE ANNÉE.

—

Au profit de la reconstruction de l'Eglise.

25 centimes.

(Cette brochure a été composée d'après les Bollandistes, les manuscrits de la bibliothèque d'Arras et la tradition locale.)

———

ARRAS :

Alph. Brissy, Imp. et Lith. de S. Em. Mgr. le Cardinal Evêque d'Arras.

1848.

NOTICE

sur

SAINT JEAN, BERGER

DE

Monchy-le-Preux (Pas-de-Calais.)

———•———

SOMMAIRE.

NOTICE

SUR

SAINT JEAN, BERGER

de

Monchy-le-Preux (Pas-de-Calais.).

Au midi de la ville d'Arras, en suivant l'ancienne chaussée Brunehaut, un magnifique panorama se déroule aux yeux du voyageur, et, au milieu d'une plaine immense, fertile, parsemée de villages, s'élève à gauche de la route à deux lieues environ d'Arras, entre la Scarpe, la Sensée et le Cojeul, un village construit sur une espèce de mamelon ; c'est Monchy-le-Preux ; toutes les maisons groupées en amphithéâtre autour de l'église semblent lui former un rempart protecteur ; la tour de forme moderne, surmontée d'une flèche à l'espagnole, s'élance fièrement dans les airs ; construite sur le point le plus élevé du tertre, elle domine toute la contrée à huit lieues à la ronde, semblable à un observatoire.

L'origine de Monchy doit être très ancienne ; l'élévation du terrain, la salubrité de l'air, la vue qui s'étend au loin dans une immense circonférence, tout a dû contribuer à y attirer des habitants. Au surplus, on montre encore aujourd'hui les emplacemens où furent bâtis de splendides châteaux qui servirent de demeure à des templiers et à des chevaliers de Malte. Une léproseric y fut aussi érigée, lorsque la peste et la lèpre ravageaient l'Artois, le lieu qu'aurait occupé cet établissement a conservé la dénomination de *Champ de l'Aumône.*

En 1654, les maréchaux de Turenne et de La Ferté, s'étant joints près de Péronne, se portèrent à Monchy-le-Preux ; de ce point élevé ils incommodaient les Espagnols dont ils dominaient le camp qui était situé à une lieue environ.

Monchy-le-Preux, (en latin *Mons Petrosus*) doit son nom à sa position et à la nature de son sol ; bâti sur un monticule qui fournit en abondance de la pierre et du grès, il fut appelé de là Monchy-le-Pierreux (*Mont-ici-pierreux*), d'où par contraction Monchy-le-Preux.

Avant la révolution de 1789, plusieurs seigneuries existaient dans ce village. Les dominicains en possédaient une appelée la ferme de *le Tour*; les évêques d'Arras en avaient une autre dont relevait le presbytère; mais la principale appartenait à l'abbaye d'Hasnon.

A la fin du quatorzième siècle et au commencement du quinzième, vivait à Monchy-le-Preux, un saint personnage du nom de Jean, dont la profession était de garder les moutons. Son austérité, ses vertus miraculeuses ont laissé de profonds souvenirs dans toute la contrée; un pélérinage célèbre se pratique chaque année à Monchy-le-Preux, dans le but d'honorer ce bienfaiteur de l'humanité sous le nom de St.-Jean, berger. Bien que les honneurs qui lui sont rendus n'aient point été sanctionnés par une canonisation authentique, le silence de l'Eglise est une espèce de reconnaissance tacite du culte qui lui est décerné depuis plusieurs siècles. En un mot, c'est la tradition qui a en quelque sorte canonisé Jean. *Vox populi, vox dei.* Toutefois, il faut dire, qu'un évêque d'Arras, du nom de Pierre, qu'on a tout lieu de croire être Pierre de Ranchicourt, et qui occupa le siége épiscopal de 1463 à 1499, se trouva au lit de mort du saint homme, et, qu'après lui avoir administré les derniers sacrements, il fit sur le champ, son éloge devant le peuple qui entourait la maison. Dans une espèce d'oraison funèbre, il déclara que Jean avait été d'une très sainte conversation, que, par la grâce du seigneur il avait mené une vie toute ascétique sous une science laïque, et que, toujours, il avait vécu selon le cœur de Dieu, ajoutant qu'il avait confessé Jean plusieurs fois; enfin il approuva plusieurs miracles qui avaient été remarqués avant et après la mort du pieux berger.

Les dates précises de la naissance et de la mort de Jean sont inconnues, mais tout porte à croire qu'il naquit dans les dernières années du 14e siècle et qu'il mourut de 1463 à 1470. Un moine de l'abbaye d'Hasnon dont le travail a été reproduit depuis par Locre, Rayssius, Guillaume, Gazet, les Bollandistes et plusieurs autres, composa la vie de notre saint en l'an 1500, et, à cette époque dit-il, il existait encore des vieillards qui l'avaient connu et qui furent les témoins oculaires de différentes particularités de sa vie ; ils montraient aussi sa chaumière qui était sur la pente méridionale de la montagne près de la route, ils désignaient encore son petit champ et un noyer miraculeux sorti d'une croix que le serviteur de Dieu avait plantée lui-même. Tous les ans, au mois de juillet, la veille de la St.-Jean, cet arbre était entièrement dépourvu de feuilles, mais le lendemain, il apparaissait aux yeux de tous, couvert de feuillages et de fruits; de nombreux pélérins accouraient de toutes parts, le dépouillaient en mémoire du saint et en emportaient tout l'ornement comme une précieuse relique. Près de la maison on voyait encore un grès dans lequel on dit qu'il enfonça le doigt par miracle.

Quant à la sépulture de Jean, il existe à cet égard des renseignements étendus, précis et authentiques; des vieillards qui vivent encore aujourd'hui se rappelent parfaitement avoir vu le mausolée en 1782, année où l'on démolit l'église, qui, remplacée par une autre fut bientôt démolie à son tour quel-

que temps après. Le tombeau était placé
dans le chœur au pied de l'autel du côté de
l'Evangile. Un certain comte nommé Ou-
dard, guéri par les mérites du saint, donna
en reconnaissance le marbre qui servit à
construire le mausolée, il était d'une magnificence toute royale et composé d'un double
cénotaphe; soutenu à un pied de terre par quatre lions accroupis, placés sur le cénotaphe
inférieur et supportant l'autre cénotaphe,
on voyait s'élever deux chérubins au milieu
des angles supérieurs et se regardant l'un
l'autre. Le corps était déposé très-profon-
dément dans un caveau préparé à grands
frais et le chef reposait dans un reliquaire
d'argent enfermé au-dessus de l'autel de la
chapelle près de son tombeau. Cet autel lui
était dédié et, sur la muraille voisine on avait

peint un grand nombre de prodiges opérés par le saint personnage.

Le chef de Jean avait la propriété de guérir de la hernie ceux qui invoquaient le bienheureux avec foi.

Tout récemment, en construisant le chœur de la nouvelle église, un des lions du tombeau a été découvert, malgré la grossièreté de la sculpture et les outrages que le temps lui a fait subir, la destination du lion est très-facile à reconnaître, une entaille qu'on voit sur le cou indique d'une manière évidente qu'un fardeau de forme anguleuse y a été placé, c'est-à-dire le cénotaphe dont nous avons parlé tout à l'heure, puis l'animal est couché et par là se rapporte exactement de même que par sa forme, à la description qu'en donnent le moine d'Hasnon et les autres écrivains qui ont été à même de voir le tombeau ; enfin le style de la sculpture, la nature et la couleur de la pierre, viennent confirmer l'authenticité de la découverte. Bientôt les circonstances permettront de pratiquer des fouilles sur l'emplacement bien connu du mausolée et l'on espère retrouver de nouveaux débris, peut - être même le corps de Jean, car, à raison de la profondeur à laquelle il a été inhumé il a pu échapper à la dévastation.

Un professeur d'histoire à l'académie de Douai, nommé André Hojé, composa quelques vers latins en l'honneur de Jean et de sa vie pastorale, ces vers se trouvent dans *la Gardienne des Saints* de Rayssius et nous allons les rapporter :

Tu quoque Monchiacæ, Joannes incolæ petræ,
Sanctorum auxisti numerum, è pastoribus unus,

O gratum cœlo genus, et propè mentibus æquum

Æthereis ! queis innocuæ custodia caulæ

Et, procul urbe, piœ placuere silentia vitæ.

His unis prælustri offert se luce videndum

Angelus ; et silvis properare subinde relictis

Bethlemum jubet, ac divinum agnoscere verbum,

Et laudes celebrare Dei, atque exposcere pacem,

Tu nos, sancte, juva et parili da pace fruisci.

La fête du bienheureux se célèbre le 24 juin à la Nativité de S‘-Jean-Baptiste, une seconde a lieu également le 29 août, à la Décollation du même S‘-Jean-Baptiste, mais la première est faite avec plus de pompe et de solennité, parce qu'alors, les habitants de la campagne, libres de tout travail, peuvent honorer le saint avec toute la piété possible. Ainsi le motif du choix de ces dates n'est pas la coïncidence de l'une d'elles avec la naissance ou avec la mort du pieux

9

berger, car, ces époques sont inconnues; La fête n'a été fixée aux jours ci-dessus indiqués qu'à raison de la similitude de nom avec Jean le Précurseur.

On ne saurait croire quelle foule inonde Monchy au jour de cette fête; le village, dit Rayssius, peut à peine contenir les fidèles, aujourd'hui encore, après quatre siècles, l'empressement n'a guère diminué; au jour de la fête, dès trois heures du matin, une foule immense accourue de huit lieues à la ronde, se presse autour de l'église et en attend l'ouverture avec impatience, comme si les premiers arrivés devaient être les plus favorisés.

En voyant quelle vénération s'attache à la mémoire de St.-Jean, on se demande si ces honneurs rendus à un personnage d'une condition si humble et si modeste ne doivent pas être considérés comme un véritable prodige. Sa vie n'eut rien d'éclatant, si nous en exceptons quelques guérisons miraculeuses obtenues par l'intercession de ses prières ; il n'appartenait ni à une famille noble ni à un ordre puissant qui auraient pu donner un grand éclat et un grand retentissement aux modestes vertus dont il donna tant d'exemples. Mais Dieu est admirable dans ses saints et dans ses décrets ; il a voulu que celui qui avait pour ainsi dire dérobé la sainteté de sa vie aux yeux de tous devint après sa mort la gloire du pays, témoin de sa haute piété.

La vie de Jean, disons-nous, ne renferme rien de saillant, elle se compose de faits simples comme les mœurs du bienheureux ; les miracles qu'il opéra pendant sa vie sont plutôt des œuvres de Dieu que du pieux personnage. Ces miracles sont rapportés avec étendue dans l'ouvrage du moine d'Hasnon, mais nous nous bornerons ici à en faire connaître quelques-uns; il en est que Jean opéra lui-même, d'autres se sont accomplis à son tombeau, nous commencerons par les premiers. Déjà nous avons vu que Pierre, évêque d'Arras, approuva plusieurs de ces miracles ce qui leur donne un grand caractère d'authenticité.

Un bourgeois d'Arras, se promenant un jour avec ses amis, fut subitement frappé de cécité; conduit à Monchy-le-Preux, Jean intercéda pour lui et aussitôt il recouvra la vue. De même une femme de Monchy, nommée Gilles, ayant perdu la vue par un coup de tonnerre, demeura aveugle pendant trois ans; présentée au saint, il se mit en prières et soudain elle fut guérie.

Dieu donna aussi à Jean le pouvoir de

guérir les fous furieux. Un homme de qualité, dont on a oublié le nom, attaqué de ce mal cruel, fut amené au saint homme dans une voiture attelée de quatre chevaux, et, par l'intercession de ce dernier recouvra la raison. Plusieurs autres personnes, affectées du même mal ont été guéries également par le saint, ainsi que l'ont rapporté des personnes dignes de foi.

Beaucoup d'autres individus, affectés de la pierre, durent aussi leur guérison à Jean; ainsi un certain Améric et un autre habitant de Monchy, ont affirmé avoir été délivrés de leur infirmité par les prières du berger.

Un enfant de Lanvin, près Douai, muet de naissance, fut amené à Monchy par son père, et, la vue du saint homme rendit la parole à l'enfant. De même, une femme qui ne pouvait parler parce que sa bouche était tournée vers les oreilles, vint trouver Jean, qui toucha la difformité et aussitôt elle fut guérie et put parler.

Un habitant de Monchy-le-Preux, nommé Hugues, voyant sa maison tout en feu, monta sur le toit pour l'éteindre, mais l'incendie gagnait toujours; enveloppé par les flammes il ne lui restait d'autre parti à prendre que de se jeter par terre et de s'exposer à trouver la mort dans sa chute. Alors, il eut recours à Jean, son voisin, implora à haute voix son intercession. Celui-ci arrive, fait le signe de la croix et aussitôt l'incendie s'arrête.

Un nommé Gérard de Noyelles - Vion, clerc-laïc en ce village, fut aussi guéri d'une grave infirmité par les prières du saint personnage.

Dieu opéra beaucoup d'autres miracles par l'intercession de Jean, comme l'ont attesté des témoins fidèles, ainsi il rendit l'ouie à des sourds, la parole à des muets, la vue à des aveugles, l'usage de leurs membres à des impotents et guérit encore plusieurs esquinancies et rhumatismes.

On affirme même qu'il avait le don de prophétie. Un jour il partit avec quelques-uns de ses compatriotes pour un pélérinage en Belgique, chemin faisant, il s'arrête tout à coup et s'écrie : Monchy vient d'être pillé, et vous, mes compagnons, vous avez perdu vos vaches, vos moutons et tous vos bestiaux. Ceci se passait près de Marchiennes. Les jeunes compatriotes de Jean se mirent à rire, cependant, ils notèrent le lieu, le jour et l'heure de ce qu'ils venaient d'entendre. Rentrés chez eux, ce que Jean avait prédit se vérifia de point en point.

Pendant un autre pélérinage que le pieux

personnage entreprit à St.-Jacques en Gal-
licie, avec plusieurs habitants de Monchy,
arrivé au terme de son voyage, il se lève
tout à coup un matin et s'écrie : quel mal-
heur, mes amis, un terrible incendie vient
de dévorer le village de Tilloy et a répandu
la terreur dans notre village. On remarqua
encore le jour et l'heure de cette prédic-
tion, et, de retour à Monchy, l'effet vérifia
la prophétie.

D'autres miracles furent encore opérés
devant le tombeau de Jean. Ainsi, un certain Raymond qui ne pouvait marcher qu'à
l'aide de béquilles, se rendit près du tombeau miraculeux et obtint sa guérison,
puis, à la vue de tout le peuple devant lequel il marchait librement il se mit à louer
et à glorifier Dieu dans la personne du
berger bienfaiteur.

On raconte aussi qu'un père de famille de la ville d'Arras, fit transporter au mausolée de Jean, son fils âgé de sept ans qui était noué depuis sa naissance, arrivé sur la tombe du saint, l'enfant fut guéri en présence du curé et de plusieurs laïques qui étaient dans l'église, ensuite il s'avança vers l'autel pour remercier Dieu du miracle qu'il venait d'opérer en sa faveur et il déposa sur l'autel le présent qu'il avait apporté.

Un Artésien qui était myope vint au tombeau de Jean et recouvra toute l'intégrité de sa vue. Un Douaisien qui était sourd y recouvra l'ouie. Le fils d'un nommé Acard de Guemappe, affecté de la pierre fut porté un dimanche à Monchy et obtint sa guérison devant de nombreux témoins. Un autre habitant de Guemappe dont les deux fils étaient attaqués d'une fièvre putride furent aussi guéris devant le tombeau.

Un enfant d'Arras atteint d'une contraction des nerfs, fut amené à Monchy-le-Preux, sur un lit que le curé, nommé David, lui avait envoyé; on plaça l'enfant près de la châsse que renfermait le chef de St.-Jean, le curé en toucha les parties affectées du mal, aussitôt un craquement se fit entendre dans tous les os; alors les personnes présentes examinèrent chaque membre et virent qu'il avait repris sa situation naturelle.

Plusieurs fois enfin, la tradition rapporte qu'on a vu une lumière descendre, en forme d'étincelle, de la région moyenne de l'air, et voltiger sur le tombeau du saint.

Tels sont les miracles que Dieu daigna faire briller aux yeux du peuple chrétien, par l'intermédiaire de Jean. Beaucoup d'entre eux ont été oubliés, et nous mêmes nous avons dû nous borner à en rapporter un petit nombre. Toutefois nous ne pouvons passer sous silence un événement assez remarquable et que chacun répète à Monchy. Les habitants d'une commune voisine vinrent un jour pour enlever le buste de St.-Jean, qui contenait son chef; mais, arrivés à l'extrémité du territoire avec l'objet de leur convoitise et de leur ambition, ils ne purent avancer plus loin et force leur fut de retourner sur leurs pas, pour remettre le buste en sa place.

Depuis quelques années, la fête de St.-Jean avait perdu un peu de son antique splendeur, mais la reconstruction de l'église de Monchy, la découverte des débris du tombeau, l'espoir qu'on a de retrouver le corps du bienheureux, les recherches qui vont être faites sur sa vie, toutes ces circonstances enfin vont permettre de restituer à Jean, la juste célébrité qui lui est due à raison des bienfaits par lesquels il a signalé son passage sur cette terre.

En ces temps d'agitation et de discorde, au milieu des fluctuations politiques, lorsque la société est en poussière, lorsque nous voyons les trônes des monarques tomber de toutes parts, lorsque nous voyons les objets de nos affections disparaître autour de nous et rentrer dans le sein de Dieu, la religion est demeurée notre seul refuge et nous pouvons toujours nous écrier avec le prophête, « Vanité des vanités et tout est vanité. » Dieu seul est grand, Dieu seul est puissant, Dieu seul est éternel !

APPENDICE

SUR L'ÉGLISE DE MONCHY-LE-PREUX.

Nous croyons intéresser nos lecteurs en ajoutant quelques mots sur les vicissitudes qu'a subies l'église de Monchy-le-Preux.

L'église qui existait en 1782 et qui contenait le tombeau du bienheureux Jean était devenue insuffisante. Afin de lui donner plus d'étendue, on résolut de la construire parallèlement à la rue et d'élever au portail un nouveau clocher. Ces constructions furent terminées en 1783, mais à peine subsistèrent-elles dix ans ; en 1793 l'église fut détruite de fond en comble et le clocher qui resta seul servit plus tard aux ingénieurs du gouvernement pour prendre des points géographiques et tracer le méridien. Ce travail fut exécuté en 1821.

Dès 1807, une nouvelle église fut rebâtie

ou plutôt une espèce de hangar qu'on ajusta tant bien que mal au magnifique clocher qui servit de chœur ; de manière que les sonneurs étaient obligés de venir se placer au pied du tabernacle pour mettre la cloche en branle.

Grâces à Dieu un pareil état de choses va cesser d'exister et l'église de Monchy qui disparut il y a un demi siècle, à l'aurore de la première république, va ressusciter maintenant au commencement d'une autre république.

A l'envie que témoigne chaque habitant de cette admirable contrée, on dirait que les enfants ont résolu de venger l'affront que leurs pères ont si profondement senti. Leurs ressources sont faibles, mais leur confiance en Dieu et leur ferme volonté puissamment aidées par un zèle intelligent, vont donner au pays un spectacle digne des plus beaux jours de la chrétienté. Chacun apporte son tribut, le riche et le pauvre concourrent à l'envi selon leurs moyens, si celui-là donne son or, celui-ci met ses bras durcis par le travail au service de cette pieuse entreprise. Grâce à ce zèle, on a pu le 17 mai dernier, poser la première pierre de la nouvelle église.

Son Eminence le Cardinal d'Arras, voulant encourager et récompenser les habitans de Monchy, a envoyé M. Bailly, vicaire-général, présider à cette cérémonie. Après un mois de travail, les travaux touchent bientôt à leur fin, et cependant la magnificence du palais qui pourra servir de modèle aux constructeurs d'église, les proportions gigantesques de l'édifice, semblaient assigner une longue durée à ce travail, mais que ne peuvent l'intelligence et l'activité humaine, accomplissant une œuvre bénie de Dieu.

Aujourd'hui nous venons solliciter le denier de l'aumône, pour conduire à bonne fin notre sainte entreprise.

CANTIQUE

EN L'HONNEUR DU BIENHEUREUX JEAN.

1

Dans un simple village
Nommé Monchy-le-Preux,
Un humble personnage
Vécut en bienheureux.
Vertueux et modeste,
D'une flamme céleste
Jean brûlait en son cœur,
   Et chacun atteste
   Sa sainte douceur.

2

A sa voix favorable ;
Le ciel lui départit
Un pouvoir admirable
Qui console et guérit.
Une foule pieuse,
De sa mort glorieuse
Garde le souvenir,
   Et toute joyeuse
   Accourt le bénir.

3

Sourds et paralytiques,
Aveugles et muets,
De ses soins angéliques
Connurent les bienfaits.
A l'humaine misère,
Sa pauvre chaumière
Ne cessa de s'ouvrir,
   Sa vive prière
    Savait tout guérir.

4

Honorons la mémoire
Du berger vertueux,
A Jean honneur et gloire
Dans les hauteurs des cieux.
Sur cette pauvre terre
Jette un œil tutélaire,
O Jean le bienheureux,
   De notre prière
    Vois le concert pieux.